CHANSONS

DITES

A la Béranger,

Par M. A. Déoux.

1834.

A Paris,

Chez les Marchands de Nouveautés.

AVIS.

A MES CHANSONS.

Air : *Ah ! faites donc, mon âme, partez vite.*

Folles Chansons, à votre aile légère
Que Dieu réserve un beau ciel et des fleurs,
Prenez l'essor, mais craignez que Tibère
Pour vos méfaits n'augmente mes douleurs.
C'est bien assez des procès et des chaînes
Dont pour vos sœurs je me suis vu chargé :
Des grands du jour respectez les domaines,
Car depuis lors, rien, hélas ! n'est changé !

Chez les puissans vous seriez mal venues :
Ils craignent trop votre souris malin ;
Et, vous traitant comme filles perdues,
Ils souilleraient votre robe de lin :
Je crains pour vous quelque mésaventure ;
Comme vos sœurs votre air est négligé :
On vous dira : Vous sentez la roture,
Car depuis lors, rien, hélas ! n'est changé !

Dans son boudoir vous trouverez ma mie,
Pâle d'attente et soupirant d'amour ;
Dites-lui bien qu'elle embellit ma vie,
Et que je l'aime, oh ! comme au premier jour !
Puis, parlez bas et peignez le délire
D'un long baiser entre nous échangé,

Mais dites-lui que je n'ai que ma lyre,
Car depuis lors, rien, hélas ! n'est changé !

Si vous allez au chevet de mon père,
Dans son sommeil, mes Chansons, taisez-vous !
Qu'il songe à moi durant la nuit entière,
Le lendemain son réveil sera doux.
Je l'aimais tant ! et sa vive tendresse
Peignait si bien mon amour partagé !
Mais je ne puis partager ma richesse,
Car depuis lors, rien, hélas ! n'est changé !

De mes amis la troupe est dispersée ;
Mais si l'un d'eux vous voit avec bonté,
Murmurez-lui : Sa tête fut blessée,
Mais dans son cœur reste la liberté !
Dites-lui bien que je serai fidèle
Au pacte saint entre nous rédigé ;
Dites-lui bien..... mais je suis un rebelle,
Car depuis lors, rien, hélas ! n'est changé !

Non ! faites mieux ; près de femme jolie
Allez chanter les plaisirs et l'amour ;
Marotte en main, célébrez la Folie,
Dans l'atelier faites votre séjour ;
D'un pied léger courez chez la portière,
Au carrefour saluez l'affligé,
Comme vos sœurs consolez la misère,
Car depuis lors, rien, hélas ! n'est changé !

TOUTES MES AMOURS.

Air : *Tu veux savoir d'où vient que je t'adore.*

Tu le veux donc, ô maîtresse adorée !
Ta voix me prie et demande toujours
L'image encor, par toi seule ignorée,
Des larcins faits à nos saintes amours.
Ne gronde pas si mon cœur te confesse
Plus d'un amour que j'y sentis germer :
Toujours, toujours tu seras ma maîtresse :
Je t'aime bien, mais laisse-moi l'aimer !

J'aimais ma sœur presqu'autant qu'une épouse,
Et son pleurer fesait couler mes pleurs :
Elle en riait, et de ma main jalouse
Seul je voulais la couronner de fleurs ;
Dans son baiser je trouvais quelque ivresse,
Mais cet amour tu ne peux le blâmer :
Toujours, toujours tu seras ma maîtresse :
Je t'aime bien, mais laisse-moi l'aimer !

Mon père aussi, vieux soldat de la Loire,
Eut une part dans mes douces amours ;
Mon cœur battait quand il parlait de gloire,
Pour lui, je crois, j'eusse donné mes jours :
C'est moins aimer qu'adorer sa vieillesse.
Mais cet amour tu ne peux le blâmer :
Toujours, toujours tu seras ma maîtresse :
Je t'aime bien, mais laisse-moi l'aimer !

La liberté, cette reine du monde,
Que des bourreaux souvent chargent de fers,
Cause à mon âme une ivresse profonde :
Pour la chercher je franchirais les mers :
Oh ! celle-là c'est mon enchanteresse.
Mais cet amour tu ne peux le blâmer :
Toujours, toujours tu seras ma maîtresse ;
Je t'aime bien, mais laisse-moi l'aimer !

LA LIBERTÉ.

Air : *A ce soir.*

Un jour la sainte voyageuse
Trouva le monde étreint de fers,
Et vit qu'une rouille hideuse
Rongeait sourdement l'univers.
Comme une tendre mère,
Des pleurs dans les yeux,
Elle dit à la terre :
Allons ! romps tes nœuds.
Liberté ! liberté ! liberté !
Arrière, place à ma bannière !
Tremblez, tyrans ! tremblez, tyrans ! j'ai répété :
Arrière, c'est la liberté !

Alors, comme une fourmilière,
Le monde entier se réveilla ;
En vain, tremblant sur la frontière
Chacun de ses tyrans veilla ;
Car un long cri de guerre
Au loin résonnait,
Et sur toute la terre
Une voix tonnait :
Liberté ! liberté ! liberté !
Arrière, place à ma bannière !
Tremblez, tyrans ! tremblez, tyrans ! j'ai répété :
Arrière, c'est la liberté !

Aussitôt un lourd bruit de chaînes
D'un pôle à l'autre retentit ;
Au fond de ses riches domaines
La royauté le ressentit :
Que de hautes couronnes
Le volcan fondit,
Quand autour des trônes
La grande voix dit :
Liberté ! liberté ! liberté !
Arrière, place à ma bannière !
Tremblez, tyrans ! tremblez, tyrans ! j'ai répété :
Arrière, c'est la liberté !

Que si jamais la tyrannie
A son carcan vouait nos fronts,
Français, pressez son agonie ;
Courage ! et nous triompherons.
La liberté si chère
Ne peut plus périr ;
Pour défendre sa mère
Le fils sait mourir.
Liberté ! liberté ! liberté !
Arrière, place à ma bannière !
Tremblez, tyrans ! tremblez, tyrans ! j'ai répété
Arrière, c'est la liberté !

LAISSEZ-MOI, DU MOINS, L'ESPÉRER.

Air : *Dis-moi, Pastourelle, à cette heure.*

Depuis long-temps, sur nos collines,
La neige étend son blanc manteau,
Et l'on n'entend plus les clarines
Tinter au revers du coteau :
Mais bientôt, dans les pâturages
Nos troupeaux pourront prospérer :
Le printemps, chassant les nuages,
Nous fera des jours sans orages :
Laissez-moi, du moins, l'espérer.

Durant l'hiver, sur les abîmes
Je suivrai les bonds du chamois,
Car j'aime les horreurs sublimes,
L'orage et sa terrible voix.
Riche après, le châlet m'appelle,
Toujours on ne doit pas errer,
Et là je trouverai ma belle,
A ses sermens d'amour fidèle,
Laissez-moi, du moins, l'espérer.

Je trouverai la Suisse libre
Et les cantons toujours unis ;
Et chez nos Bardes une fibre
Dont les accens seront bénis.
A la gloire de la patrie
On est fier de coopérer ;
Chez nous c'est une idolâtrie.
De Gessler la tête est flétrie :
Laissez-moi, du moins, l'espérer.

Un drapeau flotte à la frontière.
La France est là, c'est notre sœur :
Elle a relevé la bannière
De la bravoure et de l'honneur.
C'est un retour comme l'histoire
En voit peu souvent s'opérer :
Nous trouverons, dans sa victoire,
Un reflet de sa vieille gloire ;
Laissez-moi, du moins, l'espérer.

CELA M'AMUSE.

Air : *Appelez-moi, je reviendrai.*

Colin, Colin, de la sagesse !
Tenez-vous loin, plus loin de moi ;
Toujours vous parlez de tendresse
Et voulez vivre sous ma loi.
Ah ! Colin, votre cœur s'abuse,
De moi, non, vous n'obtiendrez rien ;
Mais vous priez, cela m'amuse,
Recommencez, je le veux bien.

Colin, je ne crains pas vos armes,
En vain vous pressez mes genoux,
Gardez, Colin, gardez vos larmes ;
Allons, Colin, relevez-vous !
Votre déraison vous abuse,
Les pleurs sont un faible moyen ;
Mais vous pleurez, cela m'amuse,
Recommencez, je le veux bien.

Colin, votre main téméraire
S'égare et presse mon corset :
Je crie et fais venir ma mère ;
Fi donc, monsieur, c'est bien mal fait !
Craignez que je ne vous accuse
D'avoir usé d'un tel moyen :
Mais, Colin, votre peur m'amuse,
Recommencez, je le veux bien.

Vous froissez ma robe légère,
Vous me pressez avec effort :
Pour m'entraîner sur la fougère
Vous ne serez pas assez fort :
J'ai glissé, mais grâce à la ruse,
Car votre pied liait le mien ;
Mais vous tremblez, cela m'amuse.
Recommencez, je le veux bien.

Finissez donc ce badinage.
Je vous défends d'aller plus loin ;
Ah ! Colin, Colin, soyez sage,
Il peut survenir un témoin.
Cette fois il n'est pas d'excuse,
Et votre sein presse le mien ;
Mais vos soupirs, cela m'amuse,
Recommencez, je le veux bien.

Colin, de conquête en conquête,
Finit enfin par succomber,
Mais on est fier de sa défaite
Quand on a lutté pour tomber ;
Et l'enfant, cette fois confuse,
Avec le plus humble maintien,
Disait bien bas : Cela m'amuse,
Recommencez, je le veux bien.

L'ESMÉRALDA.

Air : *Je ne puis l'oublier encore.*

La voici, voici l'étrangère,
Loin de ses sœurs,
Et toujours sa faible paupière
Verse des pleurs :
Hélas ! de son bonheur l'aurore
Long-temps tarda,
Et pourtant elle espère, elle espère encore
L'Esméralda.

Que sa voix, sa voix si plaintive,
Sa pauvre voix,
Rencontre une oreille attentive
Pour cette fois ;
Triste fleur, chez vous, inodore,
Elle aborda,
Et pourtant elle espère, elle espère encore
L'Esméralda.

D'Esméralda dans l'indigence
Un matador
Voulut corrompre l'innocence
Avec son or :
Cet affront, que son cœur dévore,
L'intimida,
Et pourtant elle espère, elle espère encore
L'Esméralda.

L'autre soir, voyez sa misère.
Faute de pain,
Sa Djali (1), sa Djali si chère
Mourut de faim :
Pour elle en vain le luth sonore
Intercéda,
Et pourtant, elle espère, elle espère encore
L'Esméralda.

Elle chante : Aimez la patrie :
Fraternité !
Elle aime aussi plus que la vie
La liberté !
Le Nord, tyran qui tout dévore.
Un jour gronda ;
Et pourtant elle espère, elle espère encore
L'Esméralda.

(1) Nom de la chèvre aux cornes dorées que l'*Esmeralda* avait toujours avec elle sur les places publiques.
Voyez *Notre-Dame de Paris*.

LE REMORDS.

Air : *Pas d'amour.*

JUDAS, vous qui désenchantez la vie,
Qui de sermens trafiquez tous les jours :
Guerriers félons, traîtres à la patrie,
Ou libertins, traîtres à vos amours,
Vous pourrez bien livrer encor Lutèce,
Ou, par l'effet de perfides efforts,
Déshonorer votre jeune maîtresse,
Mais le remords, le remords, le remords !

Vous, que Thémis chargea de sa balance,
Qui tous les jours desservez son autel,
Vous qui pouvez, d'une seule sentence,
Frapper à mort ou sauver un mortel :
Impunément on peut voler la veuve,
Chez l'orphelin décocher les recors :
Demain madame aura toilette neuve,
Mais le remords, le remords, le remords !

Hommes de paix, soldats de l'Évangile,
Tous, bons pasteurs, recrutant pour le ciel
Dans vos discours, rien, non rien que d'utile,
Et dans vos cœurs, jamais, jamais de fiel.
L'on peut fort bien abuser de la messe
Et dépouiller les vivans pour les morts
Faire l'amour en étant à confesse,
Mais le remords, le remords, le remords

Ministres, rois, princes et seigneuries,
Entre vous tous partageant l'univers,
Vous possédez nos trésors et nos vies,
Le droit de grâce, et le bagne, et les fers :
Ménagez bien le sang du prolétaire,
Le lendemain l'on n'a plus peur des morts :
Dans les tombeaux on les force à se taire,
Mais le remords, le remords, le remords !

LE VÉTÉRAN.

Air : *C'est la petite mendiante.*

Pourquoi faut-il que l'opulence
Fasse l'aumône à la vertu ?
Un brave était dans l'indigence,
De vieux haillons le corps vêtu ;
Il disait, d'une voix tremblante :
Je mendie et Dieu sait pourquoi ;
La victoire fut inconstante !
J'ai faim, ayez pitié de moi !

Le vent siffle, et déjà la neige
Du soldat couvre les haillons :
Mais qui donc, qui donc te protége,
Vétéran de nos bataillons ?
Hélas ! sa voix murmure encore :
Je mendie et Dieu sait pourquoi :
Ah ! mon drapeau fut tricolore !
J'ai froid, ayez pitié de moi !

Oh mon Dieu ! que fait ta justice ?
Au riche l'or, à moi le vent !
Déjà dans mes veines se glisse
La fièvre à la mortelle dent.
Et faible, il jetait sa prière :
Je mendie et Dieu sait pourquoi ;
Je n'ai pas trahi ma bannière !
J'ai soif, ayez pitié de moi !

Et sa voix, sa voix monotone,
L'écho triste la répéta,
Et le vent de la froide automne
Au loin, bien au loin l'emporta
Le lendemain, loin de la terre
L'âme du soldat avait fui,
Et sur une croix solitaire
On lut : Priez au moins pour lui !

LE MARINIER.

Air : Loin des Chalets qui m'ont vu naître.

Je sens tourner la brigantine
Que le flot berce avec amour ;
Le vent qui doucement l'incline
Nous promet un heureux retour.

Oh ! qu'il est doux le sol de la patrie,
Au marinier long-temps battu des flots !
Bientôt, bientôt, sur la rive fleurie
Débarqueront les joyeux matelots ;
Tra, la, la, la, etc.
Oh ! bientôt sur la rive où se taisent les flots,
Débarqueront les joyeux matelots.

Ma sœur, je crois l'entendre encore,
Doit bien souvent compter les jours ;
Et puis, pour moi, son cœur implore
Notre-Dame de Bon-Secours.

Là, je verrai ma vieille mère,
Tremblante et des larmes aux yeux,
Oublier sa douleur amère,
Et bénir la reine des cieux.

Notre éclatante banderole
Dans l'air agite ses anneaux ;
J'entends chanter la barcarolle
Que jusqu'à nous portent les eaux.

Frappez, amis, frappez nos voiles,
Le ciel est pur et le flot dort ;
La nuit nous promet ses étoiles,
Pilote, allons ! gouverne au port !

Oh ! qu'il est doux le sol de la patrie,
Au marinier long-temps battu des flots !
Bientôt, bientôt, sur la rive fleurie
Débarqueront les joyeux matelots :
Tra, la, la, la, etc.
Oh ! bientôt sur la rive où se taisent les flots
Débarqueront les joyeux matelots.

LA FILLE DAMNÉE.

Air : *De Jako.*

Lorsque le soir, chez les nonnettes,
Ma main te tirait les verroux :
Lorsque la nuit, dans leurs chambrettes (*bis.*)
Tu te glissais pour des larcins si doux,
Quoique ma main jeune et novice
Ait tiré le cordon pour toi,
Curé, curé, curé, réponds à ta complice :
N'est-tu pas plus damné que moi ?

C'était le jour de la Rosière,
Mais jalouse de tels honneurs,
Quoiqu'en secret je fusse mère, (*bis.*)
J'escamotai la guirlande de fleurs.
Un tien parent perd sa couronne,
Escamoteur, tu te dis roi :
Cousin, cousin, cousin, réponds à la matrone :
N'es-tu pas plus sorcier que moi ?

Des mets exquis me font envie
L'Aï me fait de doux loisirs ;
Près d'une table bien servie (*bis.*)
Je sais pourtant modérer mes désirs :
Mais toi, qui veux, la bouche pleine,
Pour un repas vendre une loi,
Ventru, ventru, ventru, manger et bête et laine
N'es-tu pas plus goulu que moi ?

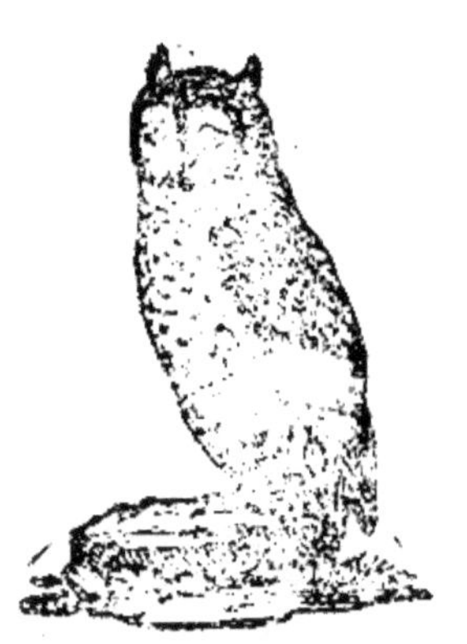

Table.

AVIGNON,

Imprimerie de V.e Guichard aîné.

www.ingramcontent.com/pod-product-compliance
Lightning Source LLC
LaVergne TN
LVHW010253230826
846091LV00007B/2951

* 9 7 8 2 0 1 1 8 9 1 1 8 1 *